Bildnachweis

© animals digital – Hagedorn: S. 6 (o. r.), S. 21 (u., o.), S. 29 (u. l.)
© blickwinkel – G. Czepluch: S. 29 (o. l.); M. Henning: S. 29 (o. r.); S. Klewitz-Seemann: S. 7 (o.); A. Krieger: S. 6 (u. r.);
H. Kuczka: S. 9 (u. l.), S. 22 (M.); W. Layer: S. 30 (u.), S. 31 (u. r.); C. Leithold: S. 6 (l.), S. 7 (M.), S. 26 (l.); L. Lenz: S. 5 (r.),
S. 11 (u. r.), S. 16, S. 17 (o. l., o. M., o. r., u. r.), S. 20, S. 21 (M.), S. 27 (o. M., u. l.); McPHOTO: S. 30 (o.);
McPHOTO/M. Begsteiger: S. 27 (u. M.); McPHOTO/F. Ludenberg: S. 27 (o. r.); McPHOTO/M. Schaef: S. 31 (u. l.);
McPHOTOs: S. 22 (r.); S. Meyers: S. 31 (u. M.); S. Sailer/A. Sailer: S. 27 (o. l.); H. Schmidbauer: S. 31 (M.);
H. Schulz: S. 14 (l.), S. 15 (l., r.); K. Thomas: S. 25 (u. r.); S. Ziese: S. 26 (M.)
© iStockphoto – acceptfoto: Cover; anakondasp: S. 11 (o. r.); Andrew_Howe: S. 27 (u. l.); anjajuli: S. 25 (o. r.);
cppugs: S. 31 (o.); Dozornaya: S. 18/19; Edoma: S. 33 (r.); Ellende: S. 13 (o. l.); goce: S. 10; inshot: S. 25 (u. l.);
izadoodle: S. 14 (r.); jc_design: S. 4; KatPaws: S. 19 (u.); Kerrick: S. 2; kkgivens: S. 26 (r.); majorosl: S. 32 (l.);
mari_art: S. 13 (o. r.); matthewleesdixon: S. 29 (u. r.); MelissaAnneGalleries: S. 9 (u. r.); middelveld: S. 11 (l.);
oliwkowygaj: S. 19 (o.); pavelmidi: S. 13 (u. r.); photosbyjim: S. 32 (r.); pixalot: S. 23; r_simmer: S. 7 (u.);
ROMAOSLO: S. 3; SashaFoxWalters: S. 13 (u. l.); Somogyvari: S. 22 (l.); TinaLeeStudio: S. 5 (l.);
urbancow: S. 25 (o. l.); WojtekD: S. 33 (l.); Zuzule: S. 9 (o.)
© Veronika Straaß – S. 34

Originalausgabe
© 2015 Hase und Igel Verlag GmbH, Garching b. München
www.hase-und-igel.de
Lektorat: Anna Meißner
Layout: Claudia Trinks
Illustrationen: Hendrik Kranenberg
Druck: Grafisches Centrum Cuno GmbH & Co. KG

ISBN 978-3-86760-783-4
1. Auflage 2015

Veronika Straaß

Das Pferd

Hase und Igel®

Vom Wildpferd zum Hauspferd

Pferde sind schnell, stark und wunderschön – aber vor langer Zeit war das den Menschen erst mal ziemlich egal. Viel mehr interessierte es sie, ob Pferde ordentlich Fleisch auf den Rippen und ein dichtes Fell hatten. Sie wollten nämlich nur das Pferdefleisch essen und aus dem Fell Kleidung herstellen. Später kamen die Menschen darauf, dass sie sich die Stärke der Pferde zunutze machen konnten. Als Arbeitspferde zogen sie Lasten, die für die Menschen zu schwer waren.

Noch viel später traute sich der erste mutige Mensch auf einen Pferderücken – und wurde auch schnell wieder abgeworfen. Denn damals waren Pferde noch nicht so friedfertig wie heute. Doch weil die Menschen dafür sorgten, dass sich nur die friedlichen Tiere vermehrten, wurden die Pferde allmählich ruhiger und das Reiten klappte immer besser. Auf dem Rücken von Pferden oder mit einem von Pferden gezogenen Wagen konnten Menschen weit reisen, die Welt erkunden – und auch Kriege führen. Ohne Pferde hätte sich die Menschheit ganz anders und viel langsamer entwickelt.

Schlaue Frage

Was ist der Unterschied zwischen Pferd und Pony?
Ponys sind eigentlich nichts anderes als kleine Pferde. Wenn ein ausgewachsenes Pferd am Widerrist – das ist der kleine Buckel zwischen Rücken und Halsansatz – kleiner ist als 148 Zentimeter, gehört es in der Regel zu den Ponys.

Mein Lexikon

Hengst, Stute, Fohlen und Wallach:
Ein männliches Pferd heißt *Hengst*, das weibliche Pferd *Stute*. *Fohlen* oder Füllen nennt man die Jungen von Pferden bis zum Alter von einem Jahr. Ein *Wallach* ist ein Männchen, das sich nicht mehr fortpflanzen kann.

Auf den ersten Blick sehen elegante Reitpferde, massige Arbeitspferde oder kleine Ponys ganz verschieden aus, doch sie haben vieles gemeinsam: Alle Pferde sind Huftiere. Sie gehen auf den Zehenspitzen, die in einer Hülle aus Horn stecken – aus demselben Material wie unsere Fingernägel. Pferde laufen jeweils nur auf einem Zeh, der besonders kräftig entwickelt ist. Man nennt sie deshalb Unpaarhufer. Bei Rindern, Ziegen oder Schafen, die ja auch Huftiere sind, ist das anders: Sie laufen jeweils auf zwei Zehen und heißen Paarhufer.

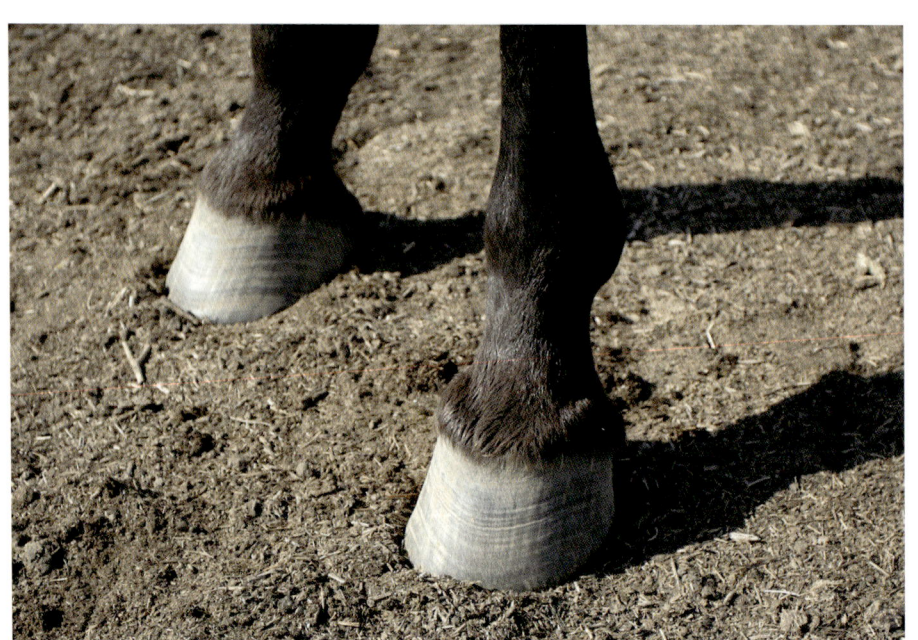

Alle Pferde haben oben auf dem Hals, zwischen den Ohren und am Schwanz lange Haare. Besonders die langen Haare am Schwanz sind sehr nützlich, wenn Pferde Fliegen und Mücken vertreiben wollen.

Das Gebiss der Pferde ist perfekt an ihre Nahrung angepasst: Wenn sie zum Beispiel Gras oder Heu im Maul zerreiben, wetzen sich ihre Zähne ein bisschen ab. Trotzdem werden die Pferdezähne nicht immer kürzer. Sie wachsen nämlich ständig von unten nach – gerade so viel, wie sie oben abgerieben werden. Praktisch, oder?

Mein Lexikon

Schweif und Mähne:
Der Schwanz eines Pferdes heißt *Schweif*. Die langen Haare oben auf dem Hals, die bis zwischen die Ohren reichen, nennt man *Mähne*.

Pferde in allen Farben

Mein Lexikon

Abzeichen:
Weiße, manchmal auch farbige Stellen am Kopf oder an den Füßen, die sich von der Fellfarbe abheben, nennt man *Abzeichen*. An diesen kann man Pferde gut voneinander unterscheiden. Ein häufiges Abzeichen ist die Blesse: ein weißer Streifen von der Stirn bis zur Nase.

Für wilde Pferde war es wichtig, möglichst wenig aufzufallen. Nur Tiere mit unscheinbar graubraunem Fell überlebten. Erst der Mensch sorgte dafür, dass sich auch auffällige Fellfarben durchsetzten. Heute gibt es Pferde in den verschiedensten Farben.

Ein **Rappe** hat schwarzes Fell mit schwarzer Mähne und schwarzem Schweif. Sein Name leitet sich von „Rabe" ab. Es handelt sich eben um ein „rabenschwarzes" Pferd.

Schimmel sind weiße Pferde. Sie kommen aber mit braunem oder schwarzem Fell auf die Welt. Erst mit der Zeit „schimmeln sie aus": Bei jedem Fellwechsel werden sie weißer.

Füchse sind braun in allen Farbtönen. Mähne und Schweif haben die gleiche Farbe wie das Fell oder sind heller. Ganz dunkle Füchse heißen Kohlfuchs und sind manchmal von Rappen kaum zu unterscheiden.

Ein **Brauner** hat braunes Fell, mal heller, mal dunkler, eine schwarze Mähne und einen schwarzen Schweif. Außerdem sind meist auch seine Beine und Ohrspitzen schwarz.

Pferde mit sandfarbenem bis grauem Fell, dunklerer Mähne und dunklerem Schweif heißen **Falben**. Sie sind nichts anderes als aufgehellte Füchse, Braune oder Rappen und heißen deshalb Fuchsfalben, Braunfalben und Rappfalben.

Hellwach mit allen Sinnen

Mein Lexikon

Nüstern:
Die großen, sehr beweglichen Nasenöffnungen der Pferde heißen *Nüstern*. Wenn Pferde aufgeregt sind oder wenn sie sich angestrengt haben, sind die Nüstern besonders weit geöffnet.

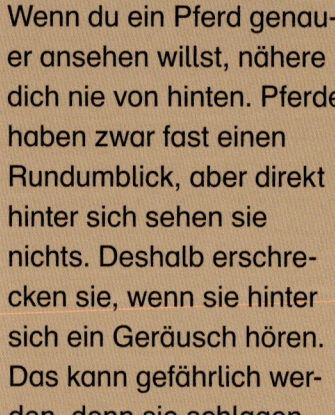

Für Forscher

Wenn du ein Pferd genauer ansehen willst, nähere dich nie von hinten. Pferde haben zwar fast einen Rundumblick, aber direkt hinter sich sehen sie nichts. Deshalb erschrecken sie, wenn sie hinter sich ein Geräusch hören. Das kann gefährlich werden, denn sie schlagen auch mal mit den Hinterbeinen aus.

Eben noch stand das Pferd friedlich grasend auf der Weide, doch auf einmal reißt es den Kopf hoch, zieht mit geblähten Nüstern die Luft ein und hält Ausschau nach einem Störenfried. Weil Pferde ihre Augen seitlich am Kopf haben, können sie sogar Bewegungen schräg hinter sich sehen.

Pferde hören auch sehr gut. Sie können viel höhere und viel leisere Töne wahrnehmen als wir. Geräusche, die für uns eine normale Lautstärke haben, sind für Pferde schon Lärm. Dass man so ein sensibles Tier nicht anschreit, ist eigentlich klar. Wer lautstark mit Pferden umgeht, muss sich nicht wundern, wenn sie das „zum Davonlaufen" finden.

Mindestens genauso wichtig ist für Pferde das Riechen. Wenn zwei Pferde sich begegnen, beschnuppern sie sich ausgiebig und prüfen den Duft des anderen ganz genau. Am Geruch erkennen Stuten ihre Fohlen auch im Dunkeln. Und wenn ein Pferd auf die Pferdeäpfel eines anderen stößt, müssen die erst sorgfältig berochen werden: „Wer war das? Kenne ich den?"

Nase an Nase – so begrüßen sich Pferde, um sich erst einmal zu beschnuppern.

Pferde können ihre Ohren fast in jede Richtung drehen.

Pferdeaugen sehen auch Bewegungen schräg hinten.

Schlaue Frage

Warum sind Pferde so schreckhaft?
Den Urwildpferden hat es oft das Leben gerettet, wenn sie vor verdächtigen Dingen sofort wegliefen, ohne lange nachzudenken. Wer zum Beispiel erst mal horchte, woher ein rätselhaftes Geräusch kam, der wurde vielleicht von einem anschleichenden Raubtier erwischt. Die „Angsthasen" aber überlebten und konnten sich vermehren – ihre Nachkommen sind unsere Pferde.

Pferde brauchen ihre Herde

Mein Lexikon

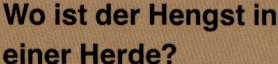

Rangordnung:
Wenn in einer Gruppe ein Tier mächtiger ist als ein anderes, dann hat es einen höheren Rang. Die Ordnung in solch einer Gruppe nennt man *Rangordnung*.

Schlaue Frage

Wo ist der Hengst in einer Herde?
In vielen Pferdeställen gibt es gar keine Hengste. Falls aber doch ein oder zwei Hengste da sind, haben sie normalerweise jeder für sich einen Extra-Auslauf. Würde man Hengste bei der Herde lassen, dann gäbe es garantiert wilde Kämpfe.

Ein Pferd, das ohne die Gesellschaft anderer Pferde leben muss, kann einem nur leidtun. Alleinsein ist für Pferde gegen ihre Natur. Sie wollen gemeinsam grasen, sich gegenseitig das Fell kraulen, einander die Fliegen wegwedeln.

Am liebsten leben Pferde in kleinen Herden zusammen. In den meisten Reitställen bekommen die Stuten und die Wallache jeweils eine Koppel für sich. Jedes Pferd in so einer Herde weiß genau, wo sein Platz ist, wer mächtiger und wer schwächer ist. Manche Herdenmitglieder können sich nicht ausstehen, andere sind unzertrennliche Freunde – ganz ähnlich wie bei uns Menschen.

In einer Pferdeherde geht es meist friedlich zu. Gute Freunde können sich stundenlang kraulen und beknabbern.

An der Spitze der ganzen Herde gibt es eine erfahrene Leitstute oder einen ranghöchsten Wallach. Wenn so ein Leittier etwas beunruhigend findet, dann sind die anderen Pferde sofort der gleichen Meinung. Wenn aber die Leitstute zum Beispiel einen vorbeiratternden Traktor für ungefährlich hält, grasen auch die anderen ruhig weiter.

Wenn Pferde doch mal in Streit geraten, sind die Hinterbeine eine starke Waffe: Die Pferde schlagen damit aus.

Zum Kämpfen stellen sich Pferde auf die Hinterbeine – sie „steigen" – und schlagen sich mit den Vorderbeinen.

Die Sprache der Pferde

Schlaue Frage

Wie krault man ein Pferd richtig?

Pferde, die sich mögen, kraulen sich gerne am Mähnenkamm. Wenn du einem Pferd den Mähnenansatz durchkraulst, kommt das also immer gut an. Auch die Halsunterseite ist eine beliebte Kraulstelle.

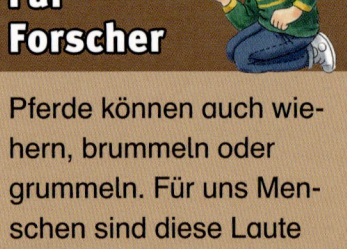

Für Forscher

Pferde können auch wiehern, brummeln oder grummeln. Für uns Menschen sind diese Laute leider nicht immer eindeutig. Bei einer „Äußerung" kannst du dir aber sicher sein: Wenn ein Pferd abschnaubt – also geräuschvoll prustend ausatmet –, entspannt es sich. Das Pferd fühlt sich wohl.

Bestimmt würde es in einer Pferdeherde viel öfter Streit geben, wenn sich die Pferde nicht so gut verständigen könnten. Mit der Haltung ihrer Ohren, ihres Schweifs oder auch ihres ganzen Körpers können sie einander sehr genau ihre Meinung sagen.

Will ein Pferd seine Ruhe haben, kehrt es dem Störenfried das Hinterteil zu und peitscht drohend mit dem Schweif. Wenn das noch nicht genügt, hebt es einen Hinterfuß. Was das bedeutet, ist klar: „Lass mich in Frieden, sonst schlag ich aus!" Nimmt sich ein rangtiefes Pferd zu viel heraus, dann kann es ihm passieren, dass sich ein ranghöheres quer in den Weg stellt. Hilft das noch nichts, dann wird gerempelt.

Und auch wir Menschen wissen meist auf einen Blick, wie ein Pferd gelaunt ist. Die Körpersprache verrät es uns.

„Ich bin stinksauer!"

Wenn ein Pferd verärgert ist, legt es die Ohren an. Manchmal „kleben" sie so eng am Kopf, dass man sie kaum mehr sieht. Dazu peitscht das Pferd drohend mit dem Schweif.

„Ich bin angespannt!"

Bei Stress reißt das Pferd die Augen auf, sodass man einen weißen Rand sieht. Außerdem kneift es die Lippen zusammen. Sogar jemand, der keine Ahnung von Pferden hat, weiß jetzt Bescheid.

„Was gibt's Neues?"

So sieht ein freundlich-aufmerksames Pferd aus: die Ohren gespitzt, den Blick nach vorne – aber ohne panisch aufgerissene Augen und schreckensgeweitete Nüstern.

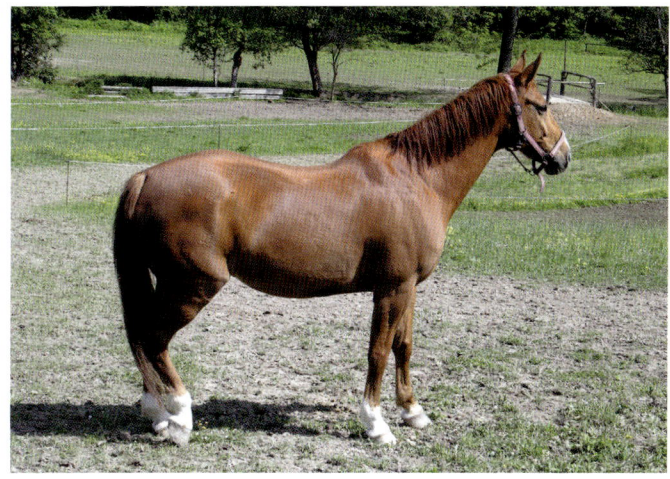

„Alles entspannt!"

Ruhige Muskeln, gelassener Blick, nur ab zu bewegen sich die Ohren – solche Pferde sind ruhig und entspannt. Oft entlasten sie dabei auch ein Hinterbein.

Pferdehochzeit

Wenn eine Stute in Paarungsstimmung kommt, benimmt sie sich merkwürdig. Sie ist reizbar und unkonzentriert. Falls ein Hengst im selben Stall wohnt, will sie unbedingt zu ihm. Außerdem muss sie dauernd pinkeln. Diese kleinen Seen haben jetzt einen ganz bestimmten Geruch, an dem jeder Hengst erkennt, dass sie in Paarungsstimmung ist.

Wenn der Pferdebesitzer möchte, dass die Stute ein Fohlen bekommt, wählt er einen passenden Hengst aus und fährt die Stute im Pferdeanhänger zu ihm.

Wenn ein Hengst den Geruch einer paarungswilligen Stute in die Nase bekommt, stülpt er die Oberlippe hoch und zieht dazu eine komische Grimasse: Er flehmt. Auf diese Weise können Tiere einen Duft besonders intensiv wahrnehmen.

Eine Stute, die noch nicht bereit für die Paarung ist, zeigt das dem Hengst ziemlich deutlich. Er muss aufpassen, dass er keinen Tritt abbekommt.

Aber der Hengst lässt sich nicht so leicht entmutigen. Vorsichtig krault und beknabbert er die Stute, bis er sie umgestimmt hat.

Kaum bekommt der Hengst ihren Geruch in die Nase, zeigt er sich von seiner besten Seite: Er wölbt den Hals, bläht die Nüstern, hebt den Schweif und kommt angeberisch angetänzelt. Zeigt sich die Pferdedame freundlich? Dann kann er sich ja näher heranwagen, ihren Hals beknabbern und sie beschnuppern. Wenn sie ihn jetzt nicht abwehrt, ist klar: Er darf sich mit ihr paaren.

Manchmal ist es aber so, dass Hengst und Stute zur Paarung gar nicht zusammenkommen. Einige Pferdebesitzer lassen nur den Samen des Hengstes bringen, der der Stute eingesetzt wird. Das ist für den Besitzer weniger Aufwand und für die Stute weniger Stress.

Mein Lexikon

Paarung:
Bei der *Paarung* überträgt das männliche Tier Samen in das weibliche Tier. Daraus können sich Junge entwickeln, die einige Zeit später auf die Welt kommen. Man sagt, das männliche und das weibliche Tier paaren sich.

Ein Fohlen kommt zur Welt

Seit der Paarung ist fast ein Jahr vergangen. Die Stute ist nun rund und schwerfällig geworden und bewegt sich vorsichtig und viel langsamer als sonst.

Mein Lexikon

trächtig:
Wenn eine Stute schwanger ist und ein Fohlen erwartet, ist sie *trächtig*.

Und dann ist es so weit: Das Fohlen kann geboren werden. Unruhig läuft die Stute im Kreis herum und schnuppert hier und da am Boden. Endlich hat sie den richtigen Fleck gefunden und legt sich vorsichtig hin. Wieder und wieder zieht sich der Körper der Stute zusammen. Sie drückt und presst und müht sich. Schließlich liegt ein nasses Etwas hinter ihr im Stroh. Mit tiefem, leisem Wiehern „spricht" die Stute zum ersten Mal mit ihrem Kind, beriecht und beleckt es ausgiebig. Dabei merkt sie sich seinen Geruch ganz genau.

Die Ohren des Fohlens kleben noch nass am Hals und die Beine sehen viel zu lang aus für den kleinen Körper. Doch wenige Minuten später versucht es schon sich hochzurappeln. Beim dritten Anlauf klappt es: Kaum geboren steht das Kleine auf seinen eigenen Beinen!

Für Forscher

Die Stutenmilch, die Fohlen bei ihrer Mutter trinken, gibt es auch für uns Menschen zu kaufen. Manche halten Stutenmilch für sehr gesund. Sie wird auch für Cremes oder Seifen verwendet. Billig ist sie allerdings nicht. Probier mal ein Glas Stutenmilch. Schmeckt sie dir besser als Kuhmilch?

Pferdekinder

Kaum zu glauben, wie schnell sich Fohlen entwickeln. Schon einen Tag nach der Geburt können sie ihrer Mutter überallhin folgen, sie können traben und sogar galoppieren. An ihrem zweiten Lebenstag versuchen sie schon, mit ihrem wolligen, kurzen Schweif Fliegen zu verscheuchen. Pferdejunge sind Schnellstarter!

Anfangs schlafen Fohlen noch viel, doch jeden Tag werden sie neugieriger und unternehmungslustiger. Am besten ist es, wenn sie gemeinsam mit anderen Fohlen im gleichen Alter herumtoben und Abenteuer erleben können. Dabei lernen sie auch gleich, wie man sich unter Pferden anständig benimmt und Ärger aus dem Weg geht.

Genauso wichtig ist es für die Fohlen, dass sie gute Erfahrungen mit Menschen machen. Was sie in den ersten Wochen ihres Lebens lernen, das wissen sie für den Rest ihres Pferdelebens. Fohlen, die gleich lernen, dass Menschen nett sind und Vertrauen verdienen, werden später zu angenehmen Partnern.

Ein Fohlen, das ein paar Tage alt ist, schafft es schon, sich mit einem winzigen Hinterhuf am Hals zu kratzen.

Je älter ein Fohlen wird, desto wichtiger werden die Altersgenossen in der Herde. Beim Spielen lernen sie viel.

Reiten will gelernt sein

Zaumzeug:
Zaumzeug heißen die Lederriemen mit den daran hängenden Zügeln, die Pferden über den Kopf gezogen werden, wenn man sie reiten oder einspannen will. Dazu gehört auch das Mundstück, eine fingerdicke Metallstange, die im Maul des Pferdes auf einer zahnlosen Stelle im Unterkiefer liegt. Daran sind die Zügel befestigt, also die Leinen, mit denen das Pferd gesteuert wird.

Man setzt sich auf ein Pferd, drückt ihm die Beine in die Seiten und reitet los? Ganz falsch! Das Pferd muss erst lernen, was der Druck bedeutet – und das geht so: Der Ausbilder schnalzt mit der Zunge und führt ein Jungpferd ein paar Schritte vorwärts. Dann hält er es wieder an und sagt dazu „haaalt". Jedes Mal, wenn das Pferd richtig losgeht und anhält, wird es gelobt. Bald hat es kapiert: Schnalzen heißt „vorwärts", „haaalt" heißt „stehen bleiben".

Etwas später kann sich zum ersten Mal vorsichtig ein Reiter in den Sattel gleiten lassen. Nun hört das Jungpferd das vertraute Zungenschnalzen. Gleichzeitig drückt der Reiter die Waden an den Pferdebauch und ein Helfer führt es am Zügel vorwärts. Und schnell versteht das Pferd: Wadendruck und Schnalzen sind Signale fürs Vorwärtsgehen. Irgendwann ist das Zungenschnalzen nicht mehr nötig und der Wadendruck allein genügt, damit das Pferd losmarschiert. Ganz schön viel Arbeit, oder?

So lernen Pferde die vielen Zeichen, die zum Reiten nötig sind. Ganz wichtig sind die Signale für die drei Gangarten Schritt, Trab und Galopp.

Der **Schritt** ist die langsamste Gangart beim Pferd. Dabei setzt das Pferd
ruhig einen Fuß nach dem anderen
auf. Das hört sich an wie ein gleichmäßiger Vierertakt. Die Fußfolge ist:
rechts hinten (1) – rechts vorne (2) –
links hinten (3) – links vorne (4).

Trab klingt wie ein gleichmäßiger
Zweiertakt. Das Pferd setzt jeweils
zwei Beine „über Kreuz" gleichzeitig
auf: das rechte Hinterbein zusammen
mit dem linken Vorderbein (1), das
linke Hinterbein gleichzeitig mit dem
rechten Vorderbein (2).

Galopp ist die schnellste Gangart.
Nach jedem Galoppsprung, der aus
drei Hufschlägen besteht, hat das
Pferd für einen Moment alle Beine in
der Luft, sodass immer eine kleine
Pause ohne Hufschlag folgt.

Wendung, Sprung oder Galopp?

Reiten ist ein schönes Hobby: Man bewegt sich und das Pferd und gewinnt nebenbei einen treuen Freund. Doch Reiten ist noch viel mehr als eine Freizeitbeschäftigung. Es gibt eigene Reitsportarten, bei denen Reiter und Pferd einiges lernen und viel trainieren müssen. Es werden Wettkämpfe veranstaltet und manche Sportarten haben es sogar bis zu den Olympischen Spielen gebracht. Bei wichtigen Turnieren treten edle und wertvolle Sportpferde an, die extra gezüchtet und lange ausgebildet wurden.

Dressurreiten ist die Kunst, sich mit dem Pferd durch kleinste Zeichen zu verständigen. In den verschiedensten Figuren „schwebt" das Pferd dann anmutig über den Dressurplatz: vorwärts, rückwärts oder seitwärts, mit Drehungen und komplizierten Schrittfolgen.

Beim Springreiten müssen Pferd und Reiter Hindernisse überspringen. Dabei darf das Pferd kein Hindernisteil abwerfen und den Sprung nicht „verweigern". Auch hier müssen Pferd und Reiter ein eingespieltes Team sein.

Bei Galopprennen rasen die Pferde mit ihren Reitern – den Jockeys (sprich: Dschokes) – über die Rennbahn. Etwas langsamer geht es bei Trabrennen zu: Der Reiter sitzt in einem Wagen, den das Pferd zieht, und passt auf, dass das Pferd nicht galoppiert.

Um an Wettkämpfen teilnehmen zu können, muss das Pferd gut ausgebildet werden.

Mein Lexikon

Vielseitigkeitsreiten:
Vielseitigkeitsreiten ist ein Pferdesport, der sich aus drei Teilen zusammensetzt: Dressur, Springen und Geländeritt. Diese Sportart, aber auch Dressur und Springen, gibt es bei den Olympischen Spielen zu sehen.

Schlaue Frage

Warum laufen Rennpferde bis zur Erschöpfung?
Rennpferde dürfen nicht auf die Weide, sondern bleiben fast den ganzen Tag im Stall und langweilen sich. Wenn sie dann endlich laufen dürfen, rennen sie, als ginge es um ihr Leben. Außerdem ist Fliehen ansteckend: Wenn ein Pferd davonrast, rennen die anderen automatisch mit.

Ein schönes Pferdeleben

Mein Lexikon

Robusthaltung:
Wenn widerstandsfähige und unempfindliche Pferde das ganze Jahr über auf der Weide mit ihrem Offenstall als Wetterschutz leben, nennt man das *Robusthaltung*.

Für Forscher

Wie leben Pferde bei dir in der Nähe? Bestimmt kennen deine Eltern einen Ponyhof oder einen Pferdestall. Schaut doch mal vorbei und fragt nach, wie die Pferde dort leben. Hat jedes Pferd seine eigene Box? Dürfen sie auf die Koppel? Gibt es verschiedene Herden?

Die meisten Pferde leben in Ställen, bestens versorgt und jedes in seiner eigenen Box. Schon früh morgens werden die Pferde gefüttert und die Boxen ausgemistet. In guten Pferdeställen ist die Box aber eigentlich nur das „Schlafzimmer". Bei schönem Wetter geht es für die Tiere nämlich tagsüber auf die Koppel. Die Pferde können gemeinsam grasen, dösen, ständig etwas Neues sehen und erleben und haben dabei ihre vertraute Herde um sich. Auch Ausritte oder Bewegung in der Reithalle stehen auf dem Tagesprogramm – vor allem für Pferde, die nur in ihrer Box stehen. Vor und nach dem Reiten wird das Pferd gründlich geputzt: Fell, Schweif, Mähne und Hufe werden gebürstet und gesäubert. So bleiben die Pferde gesund und fühlen sich wohl.

Andere Pferde leben nicht nur für einige Stunden täglich, sondern ständig draußen in der Herde. Bei Sonne und Wind? Bei Regen und Schnee? Viele robuste Pferderassen halten das ohne Weiteres aus. Ihnen genügt ein windgeschützter Unterstand – ein sogenannter Offenstall. Natürlich müssen auch diese Pferde jeden Tag versorgt werden.

Eine Box ist ein verschließbares Abteil im Stall. Damit das Pferd nicht nervös wird, muss es seine Nachbarn hören, riechen und sehen können. Deshalb besteht die obere Hälfte der Boxenwände aus Gittern.

So lässt es sich aushalten: Die Pferde können den ganzen Tag gemeinsam über die Weide schlendern. Wenn ihnen danach ist, galoppieren sie auch mal los. Solche Pferde sind viel ausgeglichener als Stallbewohner.

Schlaue Frage

Welchen Beruf kann man lernen, wenn man mit Pferden arbeiten will?
Wer Pferde zum Beruf machen will, kann Pferdewirt werden. Er kümmert sich täglich um die Pferde, hält den Stall sauber, gewöhnt Jungpferde ans Reiten, trainiert und bewegt die Tiere oder gibt Reitunterricht. „Pferde-Profi" ist zwar ein anstrengender Beruf, aber vielseitig und nie langweilig.

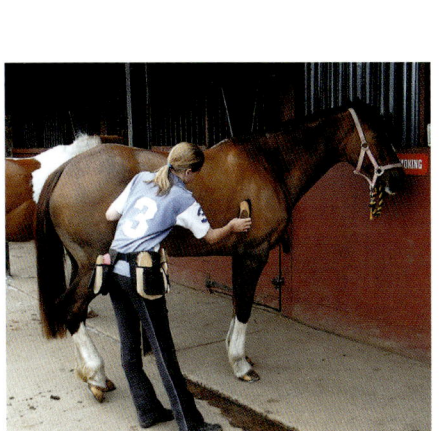

Das Fell muss sorgfältig gebürstet werden. Anschließend bringt man es mit einer Kardätsche – einer besonderen Bürste – zum Glänzen. Viele Pferde genießen es sehr, wenn man sie putzt und sich mit ihnen beschäftigt.

Die Hufe werden mit einem Hufkratzer und einer Bürste sauber gehalten. Dabei sollte man den Strahl – so heißt das Dreieck in der Hufmitte – nur vorsichtig bearbeiten. Hier sind Pferde ziemlich empfindlich.

Pferderassen aus aller Welt

Schlaue Frage

Woher haben Kaltblutpferde ihren Namen?
Sie haben genauso wie Warmblutpferde 38 Grad Körpertemperatur. Der Name leitet sich von ihrem Temperament ab: Sie sind nicht „hitzig", sondern haben die Ruhe weg.

Jede der 200 Pferderassen, die es auf der ganzen Welt gibt, hat ihre Eigenheiten und ihre ganz besonderen Begabungen. Nach ihrem Aussehen und ihrem Wesen kann man sie in Gruppen einteilen: Die schweren, ruhigen Kaltblutpferde können besonders gut Lasten ziehen. Vollblutpferde sind sehr elegant, lebhaft und können kilometerweit laufen. Warmblutpferde sind die idealen Partner im Reitsport. Die kleinen Ponys sind sehr intelligent und oft gutmütig.

Friesen sind pechschwarz und haben wunderschöne Mähnen und Schweife. Sie sind besonders sanft und gutmütig und eine der ältesten Pferderassen Europas. Gerne werden sie vor Kutschen gespannt und sind auch als Dressurpferde beliebt.

Islandponys haben erstaunlich viel Kraft und können ohne Weiteres auch Erwachsene tragen. Auf ihrer Heimatinsel Island leben sie das ganze Jahr über im Freien. In der kalten Jahreszeit bekommen sie nämlich ein dichtes Winterfell.

Vollblutaraber stammen aus dem Orient und sind die älteste Pferderasse. An die Wüstengebiete ihrer Heimat angepasst, sind sie unglaublich ausdauernd, genügsam und schnell. Araber lernen sehr schnell und werden anhänglich wie Hunde.

Shetlandponys kommen von den schottischen Shetlandinseln. Lange Zeit mussten sie in Englands Bergwerken die Grubenwagen ziehen. Heute sind die schlauen kleinen Ponys als Kinderreitpferde und als Kutschpferde sehr beliebt.

Andalusier kommen aus Spanien, genauer aus der Region Andalusien. Sie bewegen sich sehr elegant und lernen leicht, deshalb sie sind die idealen Dressurpferde. Andalusier schließen sich an einen Menschen ganz besonders eng an.

Haflinger kommen aus Südtirol und können einfach alles: Sie sind trittsichere Tragpferde, sie ziehen im Gebirge den Pflug, wo der Traktor nicht mehr hinkommt, und sie werden als Reitpferde immer beliebter. Außerdem sind sie bildschöne Tiere!

Das **Shire Horse** (sprich: Schaier Hors) wurde vor langer Zeit eigens für die Ritter gezüchtet. Sie brauchten starke Pferde, wenn sie in voller Rüstung losreiten wollten. Heute arbeitet das Shire Horse vor allem als Zugpferd.

Die weißen **Lipizzaner** sind bestimmt die bekanntesten Dressurpferde der Welt. Nur diese Rasse wird in der Wiener Hofreitschule in Österreich ausgebildet. Lipizzaner sind neugierig und selbstbewusst und lernen ungemein schnell.

Das **Quarter Horse** (sprich: Quoter Hors) ist das Pferd der Cowboys in Amerika. Es lässt sich auch von widerspenstigen Kälbern und schlecht gelaunten Stieren nicht aus der Ruhe bringen. Das macht es zu einem prima Arbeitspferd.

Was Pferde alles können

Für Forscher

Pferde treten auch im Zirkus auf. Wenn du zum Beispiel ein „rechnendes" Pony siehst, dann schau ganz genau hin – nicht auf das Pony, sondern auf seinen Trainer. So durchschaust du den Trick: Kleine Zeichen wie zum Beispiel Kopfkratzen oder Peitschentippen können dem Pony sagen, dass es mit einem Fuß auf den Boden klopfen und wann es wieder aufzuhören soll. Pferde sind sehr gute Beobachter, aber rechnen können sie nicht!

Pferde sind nicht nur Freizeitpartner, manche von ihnen haben einen richtigen Beruf. Polizeipferde zum Beispiel sind besser als jeder Streifenwagen, wenn Polizisten vor Fußballstadien oder bei Demonstrationen für Ordnung sorgen müssen.

Für die Waldarbeit gibt es Rückepferde. Anders als Traktoren zerdrücken sie kaum den Boden und verletzen auch die stehenden Bäume nicht, wenn sie gefällte Stämme abschleppen.

Pferde arbeiten auch als Therapiepferde: Sie helfen Menschen mit Behinderung oder bestimmten Krankheiten. Wenn zum Beispiel Gehbehinderte im langsamen Schritt auf einem Pferderücken reiten, ist ihr Körper danach viel entspannter und lockerer. Für andere ist es wichtig, dass sie in dem Pferd einen guten Partner finden, sich mit ihm anfreunden und ihm vertrauen lernen.

Trotz Autos werden heute immer noch Pferde vor Kutschen gespannt – zum Beispiel bei Hochzeiten oder für eine gemütliche Stadtrundfahrt. Man kann eine Kutsche sogar für eine Urlaubsreise mieten.

Polizeipferde

Rückepferd

Therapiepferd

Kutschpferde

Alles Verwandte

Wenn man nach der Heimat der Wildpferde fragt, würden wohl viele Leute antworten: „Amerika! Wo sonst?!" Doch die wilden Mustangs, die dort durch die Prärie laufen, sind zwar unglaublich robust und zäh, aber sie sind keine Wildpferde, sondern „nur" verwilderte Hauspferde. Der wilde Vorfahre unserer Hauspferde, der Tarpan, ist leider schon lange ausgestorben. Und doch gibt es auch heute noch frei lebende Wildpferde. Außerdem finden sich bei uns und in fernen Ländern viele weitere interessante Pferdeverwandte.

Das **Przewalski-Pferd** (sprich: Pschevalski) ist das einzige „richtige" Wildpferd. In seiner asiatischen Heimat, der Mongolei, war es schon ausgestorben, doch in Zoos haben ein paar Herden überlebt. Ihre Nachkommen ziehen heute wieder frei durch die Mongolei und werden dort streng geschützt.

Hausesel stammen vom Afrikanischen Wildesel ab. Esel haben viel längere Ohren als Pferde und keinen Schweif, sondern einen Schwanz mit einer Art Quaste am Ende. Seit langer Zeit tragen Esel den Menschen und seine Lasten, ziehen seine Karren – werden aber auch zu Salami verarbeitet.

Maultiere sind Kreuzungen aus einer Pferdestute und einem Eselhengst, **Maulesel** sind Kreuzungen aus einer Eselstute und einen Pferdehengst. Beide wurden extra vom Menschen gezüchtet und können sich meistens nicht fortpflanzen. Maultiere sind wie Esel im Gebirge sehr trittsicher. Deshalb sind sie als Zugtiere und Lastenträger sehr gefragt. Sie liegen in der Größe zwischen Esel und Pferd, sind gutmütig und erschrecken nicht so leicht wie Pferde. Maulesel sind äußerlich kaum von Eseln zu unterscheiden. Man muss schon genau hinsehen. Die Kopfform, der Schwanz und die Ohren verraten aber meist, wen man vor sich hat.

Auch das **Zebra** gehört zur Verwandtschaft des Hauspferds. Aber schon gewusst? Das eine Zebra gibt es gar nicht. Wer ein bisschen genauer hinschaut, kann am Streifenmuster Unterschiede erkennen.

Beim Steppenzebra reicht das Streifenmuster bis zum Bauch. Zwischen den dunklen Streifen stehen noch hellere.

Das Grevy-Zebra hat besonders dichte und schmale Streifen. Sein Bauch ist allerdings streifenfrei und hell.

Auch das Bergzebra hat einen hellen Bauch. Mit den breiten Streifen unterscheidet es sich eindeutig von den anderen Zebras.

? Wie heißt das kleinste Pferd?

! Die kleinste Pferderasse ist das Falabella-Pony. Es wird am Widerrist nicht größer als 86 Zentimeter und reicht einem erwachsenen Menschen damit kaum bis zur Hüfte. Neben manchen riesengroßen Kaltblutpferden wirkt das Falabella wie ein Zwerg.

? Woher kommt der Begriff „Pferdestärken"?

! Für schwere Arbeiten setzte man früher Pferde ein. Als James Watt eine Maschine erfand, die das viel leichter erledigen konnte, rechnete er aus, wie viele Pferde man dafür brauchen würde. Von da an wurde die Kraft von Motoren in „Pferdestärken" (abgekürzt: „PS") angegeben.

? Warum brauchen Pferde Hufeisen?

! Pferdehufe sind wie unsere Fingernägel aus Horn und wachsen ständig weiter. Laufen Pferde aber über harten Asphalt, nutzen sich die Hufe zu stark ab. Damit das nicht passiert, werden Hufeisen aufgenagelt. Die Nägel sitzen in der Hornschicht und tun dem Pferd nicht weh.

? Wie viel Schlaf brauchen Pferde?

! Pferde schlafen viel weniger als wir. Fohlen legen sich nur zwei Stunden täglich richtig hin – aufgeteilt in viele kleine Schläfchen. Ihre Mütter schlafen noch weniger. Dafür können Pferde im Stehen dösen. Mit ihren vier Beinen halten sie auch dann das Gleichgewicht.

Die Autorin

Veronika Straaß ist Diplom-Biologin und als Autorin, freie Journalistin, Übersetzerin und Lektorin tätig. Sie hat bereits zahlreiche Bücher und Zeitschriftenartikel für Kinder und Jugendliche verfasst. Es ist ihr wichtig, den jungen Lesern die Natur vor unserer Haustür näherzubringen. In ihrer Freizeit beschäftigt sie sich gerne mit ihrer Eurasier-Hündin Luna.